Développement et Amélioration du Système de Management Intégré QHSE

René Noel Aimé Totso

Développement et Amélioration du Système de Management Intégré QHSE

Extension à la phase des travaux

Presses Académiques Francophones

Impressum / Mentions légales

Bibliografische Information der Deutschen Nationalbibliothek: Die Deutsche Nationalbibliothek verzeichnet diese Publikation in der Deutschen Nationalbibliografie; detaillierte bibliografische Daten sind im Internet über http://dnb.d-nb.de abrufbar.

Alle in diesem Buch genannten Marken und Produktnamen unterliegen warenzeichen-, marken- oder patentrechtlichem Schutz bzw. sind Warenzeichen oder eingetragene Warenzeichen der jeweiligen Inhaber. Die Wiedergabe von Marken, Produktnamen, Gebrauchsnamen, Handelsnamen, Warenbezeichnungen u.s.w. in diesem Werk berechtigt auch ohne besondere Kennzeichnung nicht zu der Annahme, dass solche Namen im Sinne der Warenzeichen- und Markenschutzgesetzgebung als frei zu betrachten wären und daher von jedermann benutzt werden dürften.

Information bibliographique publiée par la Deutsche Nationalbibliothek: La Deutsche Nationalbibliothek inscrit cette publication à la Deutsche Nationalbibliografie; des données bibliographiques détaillées sont disponibles sur internet à l'adresse http://dnb.d-nb.de.

Toutes marques et noms de produits mentionnés dans ce livre demeurent sous la protection des marques, des marques déposées et des brevets, et sont des marques ou des marques déposées de leurs détenteurs respectifs. L'utilisation des marques, noms de produits, noms communs, noms commerciaux, descriptions de produits, etc, même sans qu'ils soient mentionnés de façon particulière dans ce livre ne signifie en aucune façon que ces noms peuvent être utilisés sans restriction à l'égard de la législation pour la protection des marques et des marques déposées et pourraient donc être utilisés par quiconque.

Coverbild / Photo de couverture: www.ingimage.com

Verlag / Editeur:
Presses Académiques Francophones
ist ein Imprint der / est une marque déposée de
OmniScriptum GmbH & Co. KG
Heinrich-Böcking-Str. 6-8, 66121 Saarbrücken, Deutschland / Allemagne
Email: info@presses-academiques.com

Herstellung: siehe letzte Seite /
Impression: voir la dernière page
ISBN: 978-3-8416-3719-2

Remerciements / Dédicaces

Je remercie l'ensemble de l'équipe SOGEA SATOM CAMEROUN à savoir Henri PONZEVERA, Philipe BONVALOT- NOIROT et Hervais Magloire EKOMANE pour leur appui et leur bonne humeur quotidienne qui m'ont permis de me sentir à l'aise dans l'entreprise.

Je remercie également Angèle TUINA pour avoir accepté et suivi mon sujet de Projet de Fin d'Etudes.

Enfin à Gertrude TOTSO pour m'avoir soutenu moralement tout au long de cette formation.

Avant-Propos

Ce projet de Fin d'Etude s'inscrit dans le domaine de la qualité, la sécurité et l'environnement au sein du monde du Bâtiments et Travaux Publics.

L'entreprise SOGEA SATOM CONSTRUCTION, étendant son réseau et son carnet d'adresses jour après jour et sous l'expérience en terme de qualité de son responsable d'Agence, a décidé depuis deux ans de mettre en place un système de management intégré dans l'optique de la satisfaction certaine des clients et d'une certification à terme selon plusieurs référentiels dans le domaine qualité, sécurité et environnement.

Cette démarche a débuté en juin 2010 sous la charge du responsable QSE Agence Cameroun. Une ébauche d'un système QSE a alors été construite. A partir de juin 2012 et pendant 6 mois, ma tâche fut de continuer la réflexion sur le système de management intégré actuel et d'apporter les améliorations nécessaires afin que celui-ci soit plus proche des documents normatifs adoptés comme référentiels.

Le responsable QSE veille dans l'entreprise à l'amélioration permanente de la gestion de la qualité des systèmes et produits (ici dans notre cas). Il évalue la démarche qualité sécurité environnement de l'entreprise et vérifie que les moyens utilisés répondent aux normes de QSE en vigueur. Il analyse le fonctionnement de l'entreprise, identifie les sources de non-qualité. Dans le cas de présence de non qualité, il met en œuvre des actions correctives et préventives pour pallier à de tels évènements. Selon la taille des entreprises, le responsable QSE réalise toutes ces opérations, ou il se spécialise. Ce poste est généralement occupé par un ingénieur ou un qualiticien (de formation technicien ou ingénieur complétée par une spécialisation à la qualité sécurité environnement).

Mon attrait plus fort pour le facteur humain, social et le domaine de l'organisation, face aux structures m'a dirigé vers cette branche de la construction des routes, du génie civil d'adduction d'eau.

Résumé

La démarche qualité sécurité environnement est un outil à disposition des entreprises afin que celles-ci puissent maitriser les missions sous couvert de cette démarche et permet l'amélioration continue en assurant la satisfaction des Clients via le produit délivré. Cela implique une réflexion et un travail au quotidien. Cette démarche est reconnue comme établie au sein de l'entreprise par la sanction d'une certification du référentiel choisi. En plus d'améliorer son organisation, cet outil apporte une valeur ajoutée en termes de communication et permet l'ouverture de marchés auxquels des entreprises non certifiées ne peuvent accéder, soit un outil non négligeable en termes de concurrence. Il s'agit d'un gage de qualité signifiant que l'entreprise remplit les critères d'un organisme reconnu. SOGEA SATOM souhaite développer et améliorer sa démarche qualité sécurité environnement existante en vue de son implantation définitive à l'Agence ainsi que sur les chantiers. Une certification selon les référentiels ISO 9001 et 14001, OHSAS 18001 est prévue à long terme. Une ébauche de système qualité sécurité environnement existe et ce projet de fin d'études consiste à l'avancement de la mise en place d'un tel système.

Mots Clés :

1 – Cartographie

2 - Processus

3 – Procedure

4 - Indicateur

5 – Tableau de Bord

Abstract

Quality approach security environment is a tool available to businesses so that they can master the tasks covered under this approach allows continuous improvement and ensuring the satisfaction of the product delivered via Clients. This involves thinking and daily work. This approach is recognized as established in the company by the sanction of a certification of the chosen reference. In addition to improving its organization, the tool adds value in terms of communication and allows the opening of markets in which uncertified firms can not access, or an important tool in terms of competition. It is a guarantee of quality meaning that the company meets the requirements of a recognized organization. SOGEA SATOM wants to develop and improve its quality, safety, environment existing for its final implementation of the Agency as well as on site. Certification according to ISO 9001 and ISO 14001, OHSAS 18001 is expected in the long term. A draft quality system security environment exists and graduation project is to advance the implementation of such a system.

Key words:

1 - **Cartography**

2 - **Processes**

3 - **Procedure**

4 - **Indicator**

5 – **Dashboard and strategic**

Liste des abréviations

AC : Actions Correctives.

AP : Actions Préventives.

ARMP : Agence de Régulation des Marchés Publics.

BET : Bureau d'Etudes Techniques.

BOCAM : Société de récupération et recyclage des huiles usées, assainissement de leur environnement et la destruction des déchets.

BTP : Bâtiments et Travaux Publics.

COQ : Coût d'Obtention de la Qualité .C'est aussi le coût de non-qualité ou dis-qualité.

DAO : Dossier d'Appels d'Offres.

ICP : Indicateur Clés de Performance.

KPI : Key Performance Indicator

HSE : Hygiène, Santé et Sécurité.

HYSACAM : Hygiène et Salubrité du Cameroun .C'est une entreprise camerounaise spécialisée dans l'assainissement urbain.

NC : Non-conformité

PAQ : Plan Assurance Qualité. C'est un document dans lequel l'entreprise s'engage à respecter les clauses du marché et aussi, présente son programme de gestion qualité.

PHSST: Plan Hygiène Santé et Sécurité au travail. Le PHSST est établi par chacune des entreprises qui travaillent sur un chantier et remis au coordonnateur de sécurité et de protection de santé. Ce document contient les risques inhérents à l'activité de l'entreprise, les mesures préventives et correctives.

PGES: Plan de Gestion Environnementale et Sociale. C'est un programme présentant tous les aspects environnementaux avec les mesures de prévention, protection ou d'atténuation des impacts d'un projet.

QSE: Qualité Sécurité Environnement.

SMI: Système de Management Intégré.

SME: Système de Management Environnemental.

SMQ: Système de Management de la Qualité.

SMS: Système de Management de la Sécurité.

SSE : Santé, Sécurité, Environnement.

TNC : Taux de Non-conformité

Sommaire

Liste des tableaux

Liste des Figures

1. Introduction

1.1.Présentation de l'entreprise

SOGEA SATOM CONTRUCTION est une société de VINCI spécialisée dans le métier de Bâtiments et Travaux Publics (Route, Génie Civil, Bâtiments, Adduction d'eau, Assainissement, Irrigation, Epuration, Traitement des eaux ...)

La France héberge le siège social de l'entreprise et ses agences de représentation sont partout dans le monde en général et en Afrique en particulier.

En août 2011, SOGEA SATOM CONSTRUCTION, Agence du Cameroun est titulaire du projet de **Remise en service de la Station de Traitement de la Mefou-Yaoundé plus transfert des conduites amont-aval.** La **figure 1.1.1** présente l'organisation de ce chantier.

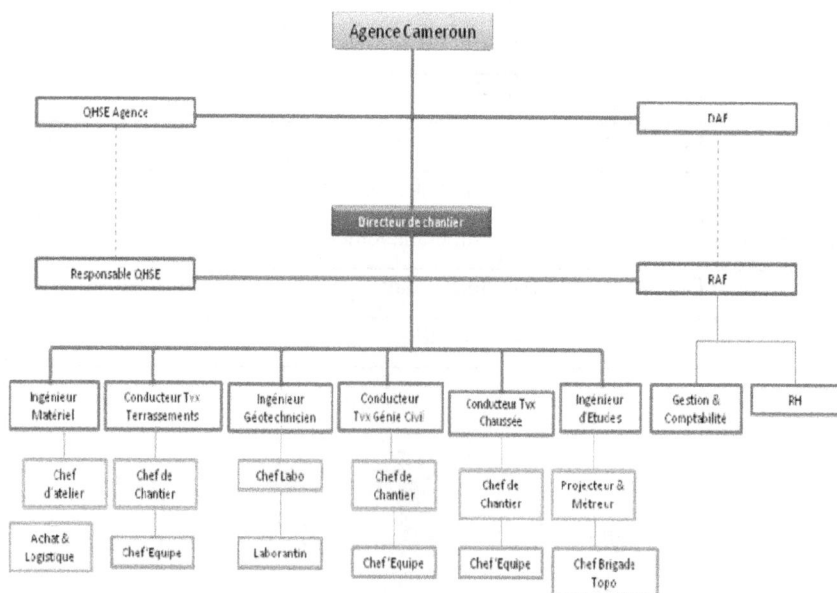

1.2. Les missions

Les missions réalisées par SOGEA SATOM CAMEROUN sont multiples comme il est possible de l'observer sur la **figure 1.2.1** :

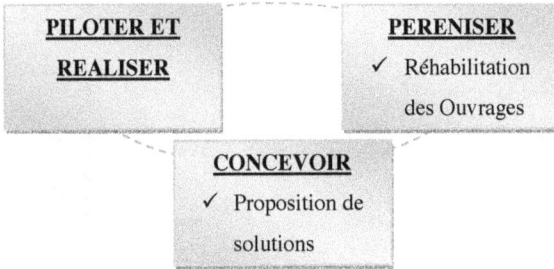

La principale mission est celle d'Agence Cameroun. Cela consiste à l'exécution de l'ensemble des travaux ainsi que de la gestion du projet, en général à la demande du Maître d'ouvrage. L'Agence Cameroun doit coordonner les différents acteurs d'un projet aussi bien sur un plan logistique que financier. Elle se doit de respecter la demande du maître d'ouvrage en termes de coût, de résultats et de délais et d'organiser le planning pour mener à bien le projet.

1.3. Le déroulement d'une mission Agence

La figure 1.3.1, bâtie suite à l'observation de plusieurs projets, présente les différentes étapes de l'Agence Cameroun.

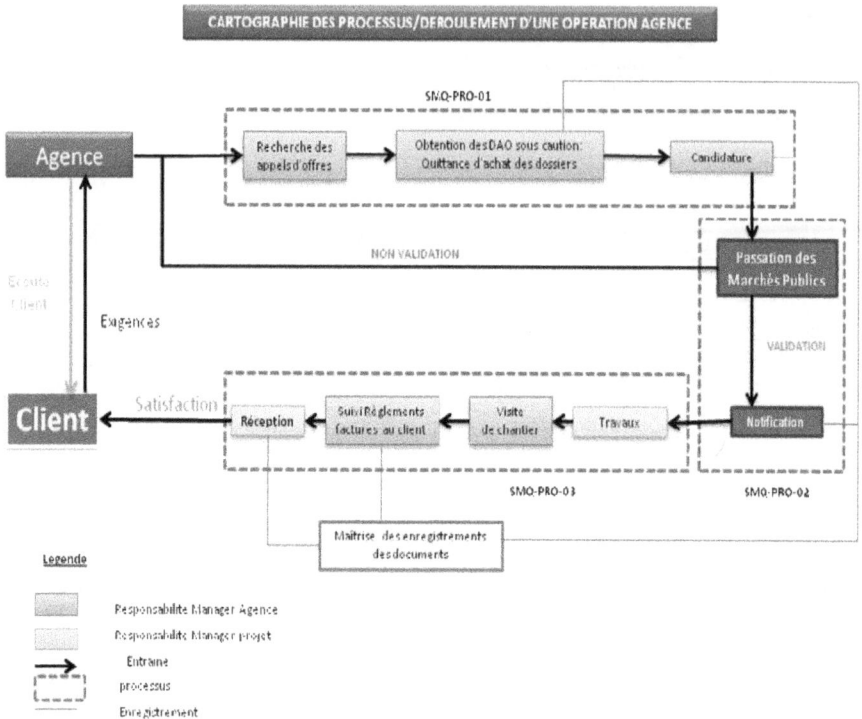

Figure 1.3.1.Cartographie Processus Agence

Détails de l'opération

La frise suivante (Tableau 1.3.2.) reprend et détaille les étapes précédentes dans le cas de l'Agence Cameroun :

Le client	Le client exprime un besoin et le traduit dans un cahier des charges appelé DAO.
Recherche des Appels d'Offres	L'Agence s'est abonnée à la presse publique nationale qui ventile toutes les appels d'offres nationales et internationales

	à travers ses éditions quotidiennes.
Obtention des offres sous caution	Lorsqu'une offre intéresse l'Agence, elle l'obtient sous caution contre une quittance délivrée par le trésor public
Candidature	Cette étape consiste à la soumission à l'offre.
Passation des Marchés Publics	C'est une commission d'étude des offres de soumission et d'attribution des marchés suivant le code des marchés publics.
Visite de chantier	Une fois l'offre notifiée, la phase travaux est lancée. L'Agence procède régulièrement à des visites de chantier pour veiller sur la qualité, le coût et le délai des travaux confiés au manager du projet.
Suivi factures au client	Durant la phase travaux, l'Agence fait des enregistrements comptables et veille aux règlements des factures au Client.
Réception	Une fois la réception provisoire prononcée par le client, la période de garantie qui précède la réception définitive par le client est assurée par l'Agence .
Enregistrement	La traçabilité de toutes ces étapes se fait sur plusieurs niveaux. La maîtrise des enregistrements est la preuve des résultats obtenus et des tâches effectuées.

Tableau 1.3.2.Description des étapes Cartographie Processus Agence

1.4.Exemple d'une opération classique « Chantier de Mise en service de la station de traitement d'eau de la Mefou-Yaoundé »

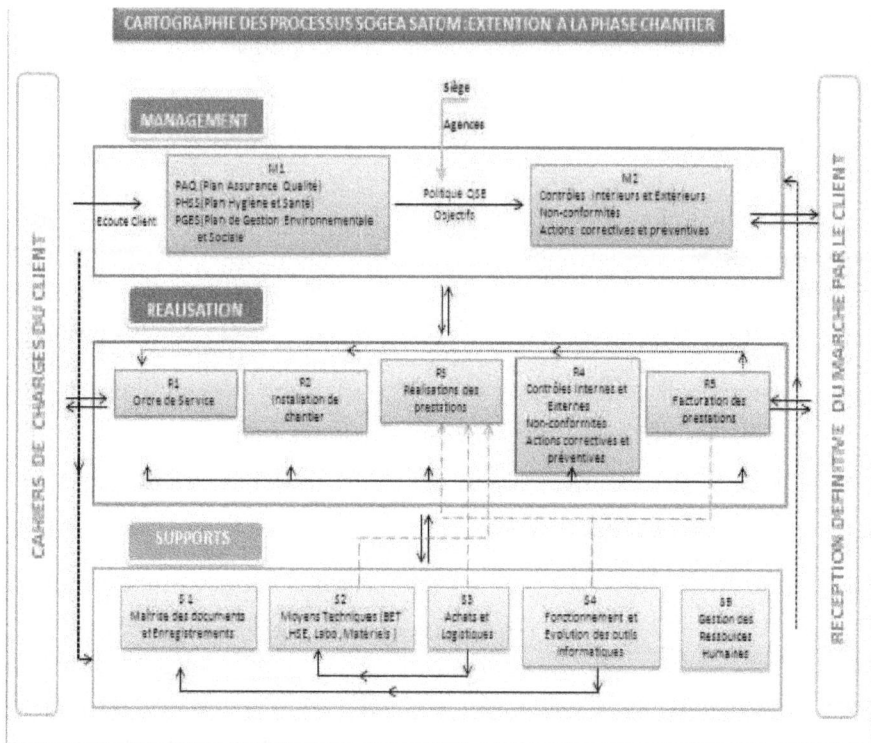

Figure 1.4.1.Cartographie Processus phase chantier

Cette analyse du déroulement des opérations fait entièrement partie de la démarche QSE. En effet, elle permet de mettre en avant naturellement les différents processus et procédures qu'il faudra formaliser par la suite. Une telle analyse n'était pas formalisée dans le système QSE existant. Il est dont important à travers ce projet de fin d'étude, de formaliser ces cartographies, d'identifier les processus et procédures manquantes pour éviter l'oubli d'un ou d'une dans le déroulement d'une opération.

Cette première phase notamment la représentation des cartographies, l'indentification des les processus et procédures étant le développement du système existant, nous nous proposons ensuite de définir quelques indicateurs de performances et des tableaux de Bord qualité, sécurité et environnement comme amélioration système.

1.5.Identification des processus, sous-processus et procédures

Processus		Sous-processus	Procédures
M	**Management**		
M 1	Planification stratégique	Plan Assurance Qualité (PAQ)	
		Plan Hygiène,Santé et Sécurité au travail (PHSST)	
		Plan de Gestion Environnementale et Sociale	
M 1	Mesures et améliorations continues	Contrôles Intérieurs et Extérieurs	M-PRO-Audit
		Non-Conformités	
		Actions Correctives et Préventives	M-PRO-AC/M-PRO-AP
R	**Réalisation**		
R 1	Ordre de services (OS)		
R 2	Installation de chantier		
R 3	Réalisation de la prestation	Traveaux préparatoires	R-PRO-TRAVAUX PREPA
		Terrassements	R-PRO-TERRASSEMENT
		Fondation	R-PRO-FONDONDATION
		Assainissements et drainages	R-PRO-ASS ET D
		Chaussées ou Gros Œuvres	R-PRO-CHAUSSES
		Signalisations et Equipements	R-PRO-SIG ET EQUIP
R 4	Satifaire le Client	Contrôles Internes et Externes	
		Non-Conformités	R-PRO-NC
		Actions Correctives et Préventives	R-PRO-AC/M-PRO-AP
R 5	Facturation de la prestation		
R 6	Démobilisation ou désinstallation		
S	**Support**		
S 1	Maîtrise des documents et Enregistrements		S-PRO-GESTION DOCS
S 2	Maîtrise des achats et logistiques		S-PRO-ACHAT
S 3	Gestion des Ressources Humaines		S-PRO-RECRUT
S 4	Fonctionnement et Evolution des outils Informatiques		
S 5	Gestion des moyens techniques (BET)		

Tableau 1.5.1.Identification des processus et procédures

2. Hypothèse de travail

2.1.Problématique

Après avoir décrit le cycle d'une opération, nous devons maintenant nous intéresser au résultat. Le monde du BTP ne faisant pas partie du monde industriel, chaque produit sera au final différent. En effet, seules des pièces uniques sont produites et non de la grande série comme en industrie. Le but est de maitriser le cheminement menant au résultat et non le résultat en lui-même. Le résultat est quant à lui obtenu selon les objectifs fixés par la Direction est le plus souvent le tri-type qualité représenté à la **figure 2.1.1.**

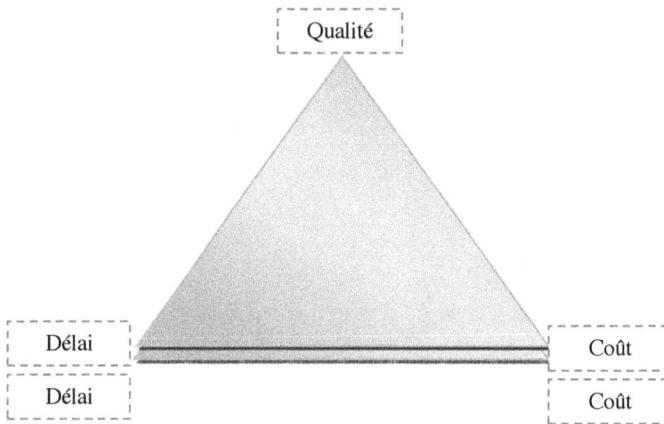

Figure 2.1.1.Tri-type qualité

Il est certes possible de donner satisfaction au Client en empruntant différents chemins mais des paramètres économiques et de temps sont aussi à prendre en compte. Employer différentes méthodes requiert énormément d'énergie et d'organisation que peu d'entreprises peuvent se permettre. Il est donc plus intéressant de définir une méthode et de la faire évoluer au cours du temps selon les résultats obtenus.

La difficulté réside à intégrer cette méthode de la manière la plus naturelle au sein de l'entreprise sans alourdir le fonctionnement par trop de tâches supplémentaires (contrôles, suivi …) qui au final risquent d'être jugées comme des corvées et de ne pas être réalisées.

L'objectif de mon projet d'étude est de poursuivre la mise en place du système intégré QSE au sein de l'Agence Cameroun et sur les chantiers, et ce pour toutes les étapes couvrant une opération comme décrite précédemment. La tâche m'a été confiée à moi-même, élève ingénieur parallèlement Ingénieur QSE du projet. L'intérêt de ce travail est d'alléger la quantité de travail à fournir au Responsable QSE Agence lors de l'engagement définitive de la Direction dans la mise en place du système intégré. Mon approche sera donc de formaliser le système en ressortant les cartographies (figure 1.2.1 et 1.3.1), puis répertorier les processus et procédures découlant, ensuite proposer des tableaux de bord avec des indicateurs de performance permettant aux managers de projet d'atteindre les objectifs de l'Agence.

2.2. Environnement du travail

La réflexion autour de ce projet de Fin d'Etude s'est construite autour de la bibliographie spécialisée de tous modules de la formation, de l'existant en matière de QSE dans l'entreprise mais aussi grâce à l'immersion dans différents projets. Ce travail quotidien m'a permis de prendre conscience des problèmes d'organisation et autres améliorations possibles à apporter. Les missions effectuées sont les suivantes :

Le poste d'ingénieur QSE projet : pour avoir mis en place et faire vivre le système existant en dépit des différents projets auxquels j'ai participé depuis 2004 dans cette même entreprise.

Conception : Elaboration des cartographies, identification des processus et procédures, conception d'un fichier Excel de calcul des Non Qualités, identification et mise en place des indicateurs performance QSE, évaluation.

Les différents projets abordés ne sont pas détaillés dans ce rapport car trop parcellés, ils n'auraient aucun intérêt à eux seuls pour la compréhension de la problématique. Comme expliqué précédemment, ils auront servis d'outils pour la mise en relief de défauts dans l'organisation générale de l'entreprise et auront permis l'amélioration de l'ensemble du système.

2.3.Concept

La qualité est née avec la première révolution industrielle où le désir de voir prospérer son entreprise s'exprime par la maîtrise des produits fabriqués (le résultat est connu en sortie de production) et donc de la satisfaction du CLIENT comme définie par l'édit du 3 août 1664 signé par Colbert : « Si nos usines, par un travail soigné, assurent la qualité de nos produits, il sera de l'intérêt des étrangers de s'approvisionner chez nous et l'argent affluera dans le royaume. »

La qualité est l'ensemble des caractéristiques d'une entité qui lui confèrent l'aptitude à satisfaire des besoins exprimés ou implicites », d'après la norme ISO 8402 V 1994 «Management de la qualité et assurance de la qualité – Vocabulaire ». En d'autres mots, la qualité est la conformité d'un produit aux exigences du client apportée par le fournisseur.

En considérant une opération décrite précédemment dans sa globalité : Le FOURNISSEUR est SOGEA SATOM.

Le PRODUIT est la réponse technique ainsi que le cheminement intellectuel pour arriver à cette technique face aux exigences contenue dans le programme ou cahiers des charges.

Le CLIENT est la personne physique ou morale exprimant ses besoins dans le cahier des charges.

La notion de CLIENTS a un sens large : ce sont toutes les personnes qui reçoivent et qui utilisent le résultat du travail de l'entreprise. Dans ce sens, le consommateur final est un CLIENT essentiel, le REVENDEUR est un CLIENT. A l'intérieur de l'organisation, chaque service est aussi à la fois le CLIENT et le FOURNISSEUR à d'autres services : chaque personne est à la fois le CLIENT et le FOURNISSEUR de ses collègues. Les besoins de l'ensemble de ces clients doivent être connus, l'écoute client est au centre de la démarche QSE. Par ailleurs, la satisfaction, les besoins et les attentes des clients portent sur deux catégories de prestations de l'entreprise aussi importantes l'une que l'autre : les produits et les services de base associés à ces produits (information, accueil, guide d'utilisation, soutien après la vente, propreté ...). Dans le cas de SOGEA SATOM, l'entreprise fournit à son CLIENT l'ouvrage exécuté selon ses besoins (qui est le produit au sens normatif car le milieu des BTP ne fait pas parti du domaine industriel) et assure un service de conseil et de parfait achèvement (l'équivalent du service après vente dans le monde du BTP). Mais aussi l'entreprise reçoit de ses partenaires les différents ouvrages exécutés qu'elle a commandés.

L'organisme doit viser à accroître la satisfaction de ses clients par l'application efficace du système QSE, y compris les processus pour l'amélioration continue du système et l'assurance de la conformité aux exigences des clients et aux exigences réglementaires applicables.

La qualité est donc la maitrise des actions selon les cadres choisis ou fixés dans le but de satisfaire le CLIENT.

2.4. Intérêt du système Intégré QSE

Comme explicité précédemment, les retours suite à la mise en place d'une démarche QSE sont nombreux et intéressants :

- ✓ Amélioration des résultats économiques de l'entreprise ;
- ✓ Amélioration de la satisfaction des clients ;
- ✓ Prise en compte du client à tous les niveaux de l'entreprise ;
- ✓ Meilleure connaissance des besoins des clients et une meilleure anticipation de leurs futurs besoins ;

✓ Meilleure image de l'entreprise ;

✓ Une plus grande confiance des clients grâce aux preuves fournies sur la qualité des produits et des services ;

✓ Personnel plus responsabilisé, mieux reconnu et plus motivé ;

✓ Modes de fonctionnement interne simplifiés et plus efficaces ;

✓ Processus simplifiés, mieux formalisés et maîtrisés ;

✓ Plus grande rigueur dans les méthodes ;

✓ Diminution des erreurs par des systèmes de boucles correctives ;

✓ Baisse des coûts de non-qualité qui sont souvent élevés ;

✓ Meilleure prise en compte des questions de sécurité et d'environnement ;

✓ Satisfaction des exigences réglementaires ;

✓ Identification des dangers pouvant générer un accident de travail ou une maladie professionnelle ;

✓ Amélioration des conditions de travail (ergonomie, bruit, température, éclairage, …) ;

✓ Amélioration continue des performances de santé et sécurité pour répondre aux attentes des salariés ;

✓ Satisfaction des exigences réglementaires ;

✓ Identification et maîtrise des impacts négatifs significatifs générés par les activités de l'entreprise sur l'environnement (eau, air, sol, déchets, …) ;

✓ Et amélioration des performances en continu pour répondre aux attentes des Parties Intéressées.

La certification est un gage de qualité pour les CLIENTS.

En effet, cela signifie que l'entreprise certifiée est dans l'obligation de suivre l'ensemble des mesures déclarées dans son système de QSE sous risque de perdre la certification et qu'elle suit donc une procédure maîtrisée. Son aptitude à suivre des référentiels est donc validée. Dans notre cas, les référentiels choisis (voir ci-après) sont largement reconnus dans le monde professionnel. Cette certification apporte alors une plus-value sur l'image de marque de l'entreprise certifiée.

Elle l'est aussi pour les entreprises elles-mêmes. La certification permet l'ouverture à de nouveaux marchés dans le cas où celle-ci est réglementaire pour l'obtention de l'offre. Il s'agit donc d'un plus au niveau de la concurrence.

Cependant, la certification ne doit pas être un but de l'ensemble du système intégré mais seulement une étape. En effet, le système reste efficace avec un engagement et des actions au quotidien. Se focaliser uniquement sur cette étape écarte tout principe d'amélioration continue, ce qui est contraire à la pensée « qualité ».

Au Cameroun, la mise en place progressive de l'ANOR permettra à terme de procéder à l'accréditation (la garantie qu'un organisme de certification est reconnu compétent de ses fonctions) de tout organisme intervenant dans l'évaluation de la conformité à un référentiel (exemple AB certification, Apave.).

Les motivations pour rechercher la certification sont nombreuses :

- ✓ éviter une discrimination du marché ;
- ✓ Renforcer la dimension " projet d'entreprise " de la démarche qualité en désignant un objectif précis à atteindre et motivant pour le personnel ;
- ✓ Se servir de la certification comme référentiel pour formaliser l'activité et cadrer la démarche qualité ;
- ✓ Donner confiance aux clients ;
- ✓ Diminuer le nombre d'audits clients ;
- ✓ Garantir la conformité des produits à la réglementation ;
- ✓ Formaliser et pérenniser le savoir-faire.

La certification n'est cependant pas un but en soi mais juste une confirmation des bonnes pratiques de l'entreprise. Il est inutile de viser la certification en elle seule même si, certes, certains marchés s'ouvriront et l'image de marque peut s'en trouver améliorer. La qualité est un outil du quotidien qui comme nous l'avons vu précédemment peut apporter de nombreux bénéfices (avec ou sans certification) et il serait réducteur de se servir du système qualité dans le seul but de moyen promotionnel de l'entreprise.

3. Matériels et Méthodes

3.1. Méthodes

Il existe plusieurs méthodes afin de proposer une qualité accrue sur l'ensemble des missions et activités de l'entreprise. Ces méthodes ne sont pas restrictives et il est judicieux de jongler entre celles-ci selon le contexte.

3.1.1. Roue de Deming

Les systèmes de management respectent tous un principe universellement reconnu : la dynamique PDCA. Cette logique permet de mettre en œuvre une amélioration continue du système de management qui induit l'amélioration de la satisfaction client, de la performance environnementale et/ou de la performance en matière de santé et sécurité.

Il convient bien au monde du B.T.P. en raison de son cycle. Celui-ci comporte quatre étapes : Plan, Do, Check, Act, traduites par : Planifier, Développer, Contrôler, Agir. On représente ces étapes sur la roue suivante au **Figure 3.1.1.1:**

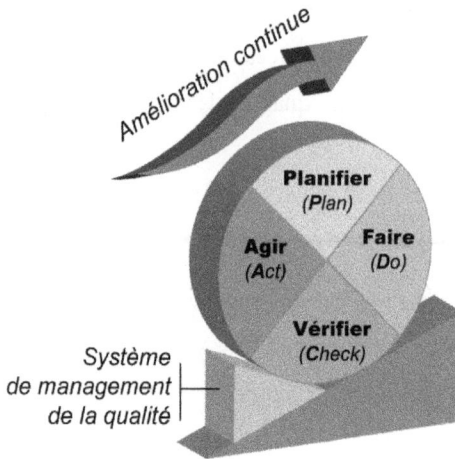

Figure 3.1.1.1. Roue de Deming

3.1.2. La méthode Q.Q.O.C.Q.P

La méthode Q.Q.O.C.P.Q. permet la collecte exhaustive et rigoureuse de données précises en adoptant une démarche d'analyse critique constructive basée sur le questionnement systématique. Elle permet également de structurer un exposé des faits ou d'un problème en posant et en répondant à un minimum de questions. Méthode simple de recherche d'informations et de mise en place de solutions, elle sera plus souvent utilisée pour la planification des processus et procédures voir **Figure 3.1.2.** Ci-après :

Q	De qui, Avec qui	Responsable, acteur, sujet
Q	Quoi, Avec quoi	Outil, objet, résultat
O	Où	Lieu, service
C	Comment, par quel procédé	Procédure, technique, action
Q	Quand, tous les quand	Date, périodicité, durée
P	Pourquoi	Justification, raison d'être

Figure 3.1.2.1. Interprétation de la Méthode Q.Q.O.C.Q.P.

3.1.3. La méthode 5M

Pour tenter de diminuer ou d'anéantir un problème de QSE, il faut connaître toutes les causes qui peuvent lui donner naissance, puis en cherchant leur poids relatif, on peut déterminer sur quelles causes agir en priorité. Le diagramme causes - effet est une représentation graphique simple qui, pour un effet (un défaut, une caractéristique, un phénomène...), tente d'identifier l'ensemble des causes, des facteurs potentiels pouvant l'affecter. Construire un diagramme Cause-Effet, c'est construire une arborescence, qui de l'effet (phénomène à étudier = tronc) va remonter dans toutes les causes possibles (branches), dans les causes secondaires (petites branches), et jusqu'aux détails (feuilles).Les premiers diagrammes causes-effet ont été développés par le professeur Kaoru ISHIKAWA en 1943. Ce type de diagramme est de ce fait également appelé, diagramme d'ISHIKAWA ou diagramme en arrêtes de poisson.

Il est utilisé pour :

✓ Comprendre un phénomène, un processus ; par exemple les étapes de recherche de panne sur un équipement, en fonction du/des symptôme(s) ;

✓ Analyser un défaut ; remonter aux causes probables puis identifier la cause certaine ;

✓ Identifier l'ensemble des causes d'un problème et sélectionner celles qui feront l'objet d'une analyse poussée, afin de trouver des solutions ;

✓ Il peut être utilisé comme support de communication, de formation ;

✓ Il peut être vu comme une base de connaissances.

Le diagramme causes - effet n'apporte pas directement de solutions, il permet néanmoins de bien poser le problème .La **Figure 3.1.3.1** représente le diagramme d'ISHIKAWA des coûts de la non-qualité.

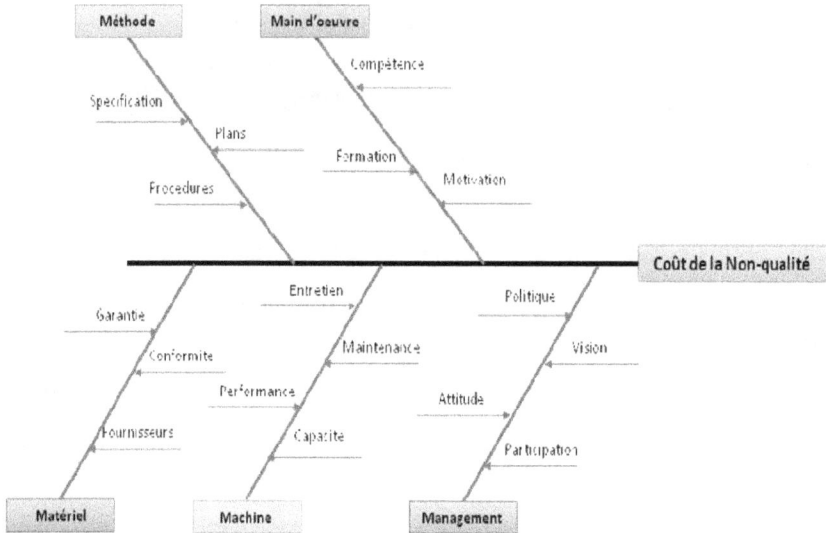

Figure 3.1.3.1 Diagramme Cause-Effet du coût de non-qualité

3.2.Matériels

La construction du système de management intégré est encadrée par le choix de plusieurs référentiels. Ces derniers dispensent les lignes directrices ou les caractéristiques à suivre pour des activités où leurs résultats garantissant un niveau d'ordre optimal dans un contexte donné. Ces référentiels sont des documents normatifs.

Le choix des référentiels pour le Système de Management Intégré de SOGEA SATOM CAMEROUN est orienté vers le groupement de norme ISO 9001v2008 pour la Qualité, les normes OHSAS 18001V2007 pour la Sécurité, et enfin la norme ISO 14001 V2004 pour la partie environnementale. Le choix s'est porté sur ces normes car d'une part elles sont reconnues et familières de tous et d'autre part, la structure de ces référentiels est très proche et facilite grandement leur intégration en un système unique.

3.2.1. ISO 9001v2008 - Le management de la qualité

La norme ISO 9000 présente les principes essentiels et le vocabulaire. La norme ISO 9001 présente les spécifications. La version en vigueur de la norme ISO 9001 est la version datée de 2008. Les exigences y sont relatives à quatre grands domaines :

- ✓ Responsabilité de la direction : exigences d'actes de la part de la direction en tant que premier acteur et permanent de la démarche ;
- ✓ Système qualité : exigences administratives permettant la sauvegarde des acquis. Exigence de prise en compte de la notion de système ;
- ✓ Processus : exigences relatives à l'identification et à la gestion des processus contribuant à la satisfaction des parties intéressées ;
- ✓ Amélioration continue : exigences de mesure et enregistrement de la performance à tous les niveaux utiles ainsi que l'engagement d'actions de progrès efficaces.

La version 2008 de cette norme vise à mettre en œuvre dans l'entreprise un système de management de la qualité orienté client et fondé sur les notions d'efficacité des processus et d'amélioration continue. Ce système, impliquant l'ensemble du personnel dans la maîtrise des activités et l'atteinte de résultats - dont la satisfaction du client - est un excellent outil pour favoriser la performance de l'entreprise et la durabilité. Mettre en œuvre un système de management de la qualité selon les exigences de la norme ISO 9001 : 2008 c'est : « Démontrer l'aptitude à fournir régulièrement un projet conforme aux exigences du Maître d'Ouvrage ou client et de mettre en œuvre un processus d'amélioration continue ».

La norme ISO 9004 présente les lignes directrices pour l'amélioration des performances.

Cette nouvelle version est plus permissive concernant la rédaction des processus et procédures. En définissant les compétences de chaque poste, il n'est pas obligatoire de formaliser l'ensemble des processus et procédures pour chaque poste si l'on considère que la personne occupant ce poste possède les compétences requises. L'objectif est d'alléger la documentation qualité en ne rédigeant que seulement certains processus exigés par la norme : Maitrise des documents (gestion documentaire), Maitrise des enregistrements (gestion des résultats de processus, données d'indicateurs ...), Audit Interne, Maitrise du Produit Non Conforme, Actions correctives, Actions préventives.

3.2.2. OHSAS 18001 v2007 – Hygiène Santé Sécurité au travail dans les entreprises

La norme OHSAS 18001 présente les spécifications. Cette norme, très voisine de l'ISO 14001 par sa structure, permet la mise en place d'une organisation en matière de santé et de sécurité au travail. Cette organisation a pour objet de maîtriser les risques pour le personnel et les autres parties intéressées exposées à ces risques, et d'améliorer de façon continue les performances hygiène et sécurité.

3.2.3. ISO 14001 v2004 - Management de l'environnement

Cette norme est destinée à structurer l'organisation environnementale de l'entreprise et à attribuer des rôles et des fonctions à l'ensemble de cette organisation, faisant en sorte d'optimiser l'intégration dans l'environnement des activités de l'entreprise ou des services qu'elle délivre. Selon cette norme, le système de management permet de disposer d'un système dynamique générant les points critiques en matière d'aspect et d'impact environnemental. Il permet à l'entreprise de s'engager dans un développement durable.

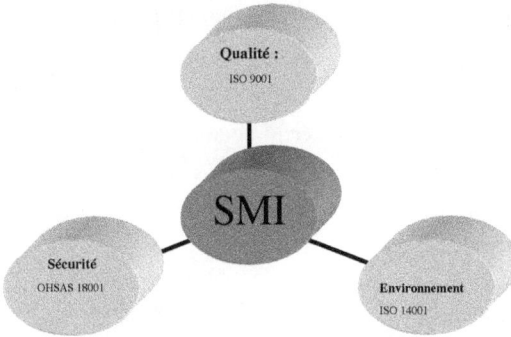

Figure 3.2.1 Les référentiels choisis

Les référentiels de management ne précisent pas la manière de concevoir les systèmes de management, et ne fixent pas d'objectifs de performance. Le Système de Management Intégré que nous avons amélioré est adaptable à ces référentiels de management.

Ces trois référentiels sont bâtis selon la même structure. Leur intégration au sein d'un système de management intégré est d'autant plus simplifiée. En effet, ces référentiels partagent un grand nombre d'exigences communes dans le but d'alléger la formalisation des documents. Ces exigences communes sont :

    ✓ La nécessité d'un engagement de la direction ;

    ✓ L'identification des risques ;

    ✓ L'identification des exigences légales ;

    ✓ La définition des objectifs ;

    ✓ L'élaboration d'un programme ;

✓ La définition d'une organisation, des autorités (le pouvoir), et des responsabilités (le devoir) ;

✓ La nécessité de former et de sensibiliser le personnel (management des compétences) ;

✓ La communication interne et externe ;

✓ Les exigences documentaires ;

✓ La mise en œuvre d'une maîtrise des processus ;

✓ La prise en compte des situations exceptionnelles et d'urgence ;

✓ La surveillance et la mesure des processus et de la performance ;

✓ La gestion des non conformités ;

✓ La mise en œuvre d'un processus audit;

✓ La définition et la mise en œuvre des actions correctives ;

✓ L'analyse des données ;

✓ La revue de direction.

3.2.4. Approche du processus intégré

La construction d'un Système de Management Intégré représente pour un organisme l'intégration des aspects qualité, santé et sécurité au travail et environnement. C'est une démarche visant à développer et renforcer la performance globale de l'organisme dans un esprit de Développement Durable.

Avant de se lancer dans la mise en œuvre d'un système de management intégré, il est essentiel d'identifier les enjeux, objectifs et attentes de chaque référentiel.

	ISO 9001 : 2008	ISO 14001 : 2004	OHSAS 18001 : 2007
Objectifs	Améliorer la satisfaction client en prévenant les dysfonctionnements	Diminuer la pollution et les impacts sur l'environnement	Prévenir les risques en sécurité et en santé au travail
Cible	Client	Environnement	Personnel
Base	Cahiers de charges / Contrats clients	Exigences légales et autres exigences provenant notamment des parties intéressées	
Données de planification	Besoins clients identifiés	Résultats de l'Analyse Environnementale : Aspect Environnemental et Social + Non Conformités règlementaires	Evaluation des Risques + Non-conformités règlementaires
Document d'orientation	Politique QSE ou Politique		
Document de planification	Programme de Management QSE		
Manuel	Manuel de Management QSE		
Documentation Commune	✓ Une procédure de maîtrise de la documentation ✓ Une procédure de maîtrise des enregistrements ✓ Une procédure de gestion d'audit interne ✓ Une procédure de gestion des actions correctives ✓ Une procédure de gestion des actions préventives		
Documentation propre	Procédure de maîtrise du produit non conforme	**Des procédures demandées mais pas documentées :** ✓ Identification des Aspects Environnementaux ✓ Identification des exigences légales et autres exigences	**Procédures demandées :** ✓ Planification, identification des dangers et maîtrise des ✓ risques ✓ Exigences légales et autres

| | | ✓ Communication interne et externe
✓ Sensibilisation
✓ Formation
✓ Maîtrise opérationnelle
✓ Identification des situations d'urgence | ✓ Formation, sensibilisation
✓ Consultation et communication
✓ Maîtrise opérationnelle
✓ Etat d'alerte et |

Tableau 3.2.4.1 Approche du processus intégré

4. **Résultats**

4.1.Identification et définition des indicateurs clés de performance QSE

Les indicateurs clés de performance (ICP), ou plus généralement appelés KPI, sont des indicateurs mesurables d'aide décisionnelle. Ils permettent de répondre aux objectifs suivants :

✓ Evaluation ;

✓ Diagnostic ;

✓ Communication ;

✓ Information ;

✓ Motivation ;

✓ progrès continu.

Les indicateurs clés de performance seront utilisées dans la présentation de tableaux de bord, ils doivent être régulièrement mis à jour.

4.2.Indicateurs Qualité

Un indicateur est un événement, un fait observable, mesurable et déterminé par un calcul qui identifie de façon qualitative ou quantitative une amélioration ou dégradation du comportement du procédé soumis à examen

4.2.1. Taux de non-conformité levée

Par définition, le taux de non-conformité levée est nombre de non-conformité levés comparé au nombre de non-conformité total sur un projet.

$$TNC = \frac{\text{Nombre de non-conformité levée}}{\text{Nombre de non-conformité total}}$$

Le but de cette activité est de gérer les NC depuis leur ouverture jusqu'à leur fermeture, pour tout type de non-conformité. Il est donc important de mettre sur pied une check-list donnant toutes les informations des NC dès leur détection jusqu'à leur levée. Le tableau **4.1.1** est le model de gestion des NC, suivi des actions correctives et préventives.

GESTION DES NC/ SUIVI DES ACTIONS CORRECTIVES ET PREVENTIVES

Date de mise à jour   23/11/2012

No de fiche	Date d'identification	Constat et origine de la NC	Critères d'acceptation	Degré de la NC	Proposition de l'action corrective	Proposition de l'action preventive	Observation du Maître d'Œuvre	Date d'Exécution	Date de réalisation	Levé de la NC	Efficacité
001											
002											
003											
004											
005											
006											
007											
008											
009											
010											
011											

Tableau 4.2.1.1 Gestion des NC, AC et AP

4.2.2. Coût de la Non-qualité

Selon la norme ISO 8402, La non-qualité ou "dis qualité" est l'écart global constaté entre la qualité visée et la qualité effectivement obtenue. Cet écart peut être évalué plus ou moins complètement en termes économiques. La non-qualité se traduit en général par un défaut, une non-conformité, une anomalie.

✓ Défaut : Non satisfaction, aux exigences de l'utilisation prévue.

C'est l'écart ou l'inexistence, d'une ou plusieurs caractéristiques de qualité par rapport aux exigences de l'utilisation prévue.

✓ Non-conformité : non satisfaction aux exigences spécifiées. C'est l'écart ou l'inexistence d'une ou plusieurs caractéristiques de qualité ou d'élément d'un système qualité par rapport aux exigences spécifiées.

✓ Anomalie : C'est la déviation par rapport à ce qui est attendu. Elle justifie une investigation qui peut déboucher sur la constatation d'une non-conformité ou d'un défaut.

L'objectif du calcul du CNQ serait :

✓ Une meilleure prise de conscience de la valeur ajoutée due à la Qualité

✓ Chiffrer en FCFA les erreurs commises par les employés permet d'améliorer la compréhension et la manière d'appréhender la non-qualité. La communication sur le sujet en sera fortement améliorée.

✓ Etablir des priorités sur les actions d'amélioration qui ont le plus d'impacts financiers.

La norme NF X50-126 portants "GUIDE D'EVALUATION DES COUTS RESULTANT DE LA NON-QUALITE" décompose les coûts de non-qualité selon les 4 catégories suivantes :

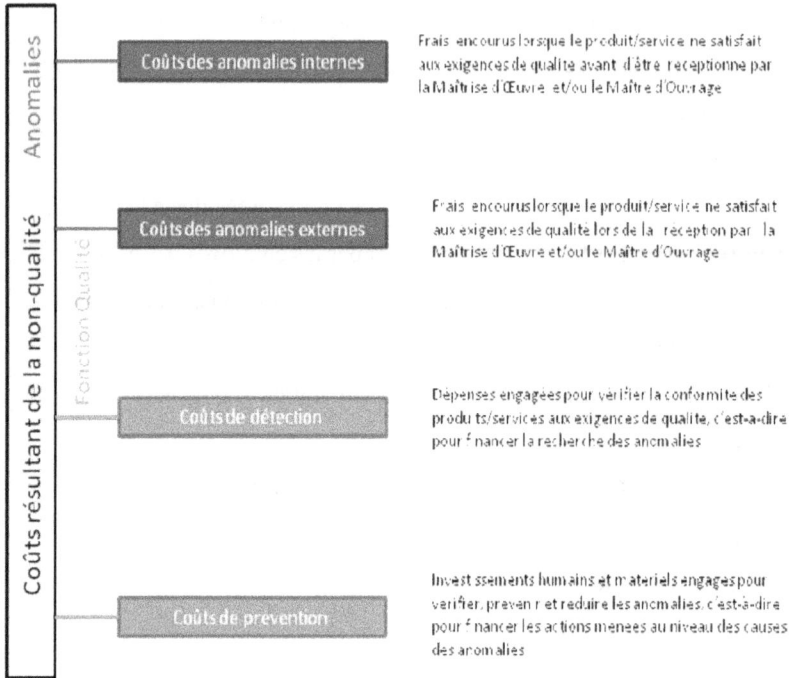

Figure 4.2.2.1 Les composantes de la non-qualité

4.2.2.1. Méthodologie d'évaluation de la non-qualité

✓ Aspects

Nous pouvons distinguer deux (2) aspects :

Premier aspect

Le premier aspect est lié aux investissements que l'on fait pour atteindre le niveau de qualité conforme aux exigences. C'est le prix qu'il faut payer pour assurer un niveau de qualité acceptable.

Deuxième aspect

Le deuxième aspect est tout ce qu'il en coûte de faire mal les choses, de ne pas les faire bien du premier coup. Le coût engendré est deux fois supérieur au prix qu'il suffirait d'investir pour faire un produit conforme.

✓ Incidences financières

L'activité de production génère des déperditions d'énergie, de ressources humaines et physiques qui n'apparaissent pas dans les systèmes classiques de comptabilité classiques où seuls les coûts de matière première, de main d'œuvre et d'atelier sont pris en compte. La recherche de la qualité doit permettre de réduire ces coûts cachés. Le coût de la non-qualité peut être défini comme la différence entre le prix de revient actuel et son coût réduit s'il n'y avait aucune erreur et aucun défaut durant la conception, la réalisation, la commercialisation et l'utilisation. Il est donc possible pour nous de calculer le coût de la non-qualité en % du montant du marché dans le cadre d'un projet ou de l'Agence qui regroupe tous les projets du pays. Les informations nécessaires pour calculer le coût de la non-qualité sont parfois difficiles à obtenir (souvent confidentielles). On peut les obtenir dans les documents de comptabilité (analytique et générale), les documents techniques, administratifs ou commerciaux. Il est possible de concevoir un tableau et d'expérimenter à partir d'enquêtes auprès des personnes concernées.

4.2.2.2. Coût d'obtention de la qualité

La somme des coûts des anomalies internes et externes, des coûts de détection et des coûts de prévention constitue le coût d'obtention de la qualité.

COQ = Coût des anomalies internes et externes + Coût de détection et Coût de prévention

COQ = CAI + CAE + CD + CP

CAI : Coût des anomalies internes

CAE : Coût des anomalies externes

CD : Coût de détection ou d'évaluation

CP : Coût de prévention.

Après l'évaluation, le ratio ® suivant est calculé et intégré au tableau de bord qualité. Il constituera un des clignotants de référence pour surveiller l'évolution du processus d'amélioration :

$$R = 100 \times \frac{\text{Coût d'obtention de la Qualité}}{\text{Montant du marché}}$$

Ci-après le **tableau 4.2.2.2.1**, le programme Excel conçu est en court de test, il calcule les COQ et Ratio de façon mensuelle par lot de travaux et qui fait l'Object d'un reporting à l'Agence SOGEA SATOM CAMEROUN.

PROGRAMME EXCEL DE CALCUL DU COUT D'OBTENTION DE LA QUALITE MENSUEL						
Elements de Coût d'Obtension de la Qualité	Méthode	Main d'Œuvre	Matériel	Machine	Mangement	Coûts
Coût d'Anomalies Internes (CAI)						
Rebuts						-
Retouches	42 236	37 654				79 890
Réparations/Refections						-
Déclassement sur produits finis ou en cours						-
Pertes dues aux achats inemployables						-
Pollution						-
Accidents de travail						-
Absentéisme						-
Sous-Total CAI	42 236	37 654	-	-	-	79 890
Coût d'Anomalies Externes (CAE)						-
Reclamations Clients						-
Coût de garantie(SAV)						-
Pénalités de retard						-
Agios pour respect de délai						-
Perte de clientele						-
Rembourssement de dommages causés à autrui						-
Prime d'assurance pour la responsabilité du fait des produits						-
Sous-Total CAE	-		-	-		
Coût de Détection ou Evaluation (CD)						-
Salaires et charges liées aux vérifications						-
Frais de contrôle sous_traités			456 345			456 345
Fournitures diverses et produits pour essais utilisés pour l'évaluation du produit						-
Frais d'étalonnage		2 674 655				2 674 655
Sous-Total CD	-	2 674 655	456 345	-	-	3 131 000
Coût de Prévention (CP)						-
Etablissement des documents qualité (PAQ,PGE,PHS et procedures)	645 454					645 454
Evaluation des fournisseurs						-
Sensibilisation,motivation et formation à la qualité et à la gestion qualité					8 765 454	8 765 454
Réalisation d'Audits						-
Sous-Total CP	645 454	-	-	-	8 765 454	9 410 908

Coût d'Obtention de la Qualité (COQ)	12 621 798
Montant du Marché (MC)	19 462 170 716
Ratio ③	0,06%

Tableau 4.1.2.1 : Calcul du COQ et des Ratios

4.3.Indicateurs santé et sécurité au travail

« Le taux de fréquence et taux de gravité sont les vrais faux amis de la mesure de la performance SSE » dit Raoul TEXTORIS, Manager SH & E de la direction des services Groupe de L'Oréal. Pour dont accroitre une performance SSE en entreprise, il faut que le TF et TG tendent vers zéro. D'ou l'objectif « ZERO ACCIDENT ».

4.3.1. Taux de Fréquence

Le taux de fréquence est le nombre d'accidents avec arrêt de travail supérieur à un jour, survenus au cours d'une période d'un mois (cas du chantier) par million d'heures de travail.

$$\text{Taux de fréquence} = \frac{\text{Nombre d'accident avec arrêt x 1 000 000}}{\text{Nombre d'heures travaillées}}$$

4.3.2. Taux de Gravité

Le taux de gravité représente le nombre de journées indemnisées par 1 000 heures travaillées, c'est-à-dire le nombre de journées perdues par incapacité temporaire pour 1000 heures travaillées.

$$\text{Taux de gravité} = \frac{\text{Nombre de journées indemnisées x 1 000}}{\text{Nombre d'heures travaillées}}$$

Le suivi des incidents et accidents permet de bien connaître ces deux indicateurs précieux pour la prévention des risques professionnels. Une action peut par exemple être évaluée sur les critères relevant directement de la prévention : nombre d'accident de travail, fréquentation infirmerie…Il est possible alors d'exploiter le bilan mensuel d'hygiène et de sécurité et le rapport mensuel du médecin du travail.

Les taux de fréquence ou de gravité relevés dans l'entreprise sont comparés à la moyenne nationale de la branche d'activités BTP en France année 2010 qui sont respectivement de 46,7% et 2,80%, cela nous a permis d'analyser la situation interne au regard de la prévention des risques. L'entreprise enregistre la traçabilité des incidents/accidents, en tenant à jour un registre des accidents du travail. Le **tableau 4.3.1** ci-après est un tableur conçu et expérimenté de juin à décembre 2012 sur le chantier.

Mois	Heures travaillées	Accidents de Trajet Nombre				Accidents de Travail Nombre				Total Jours d'arrêt	Taux des incidents	Taux de gravité	Accidens mortels	
		Sans Arrêt	Avec Arrêt	Total	Jours d'arrêt	Sans Arrêt	Avec Arrêt	Total	Jours d'arrêt				Acci. de trajet	Acci. de travail
juin-12	29 392	-	-	-	-	2	3	5	27	27	102,1	0,92	-	-
juil.-12	34 955	-	-	-	-	-	2	2	36	36	57,2	1,03	-	-
août-12	37 809	-	-	-	-	1	1	2	3	3	26,4	0,08	-	-
sept.-12	36 670	-	-	-	-	2	-	2	1	1	-	0,03	-	-
oct.-12	37 285	-	1	1	2	2	2	4	17	19	80,5	0,51	-	-
nov.-12	39 391	-	-	-	-	-	2	2	20	20	50,8	0,51	-	-
déc.-12	38 284	-	-	-	-	-	-	-	-	-	-	-	-	-
TOTAL MEFOU	253 786	-	1	1	2	7	10	17	104	106	45,28	0,44	-	-

Tableau 4.3.1 : Calcul de taux de Fréquence (TF) et Taux de Gravité (TG)

4.4. Indicateurs Environnement

4.4.1. Coût d'élimination des déchets

L'organisation du chantier dépend de la caractérisation du chantier, de l'évaluation des quantités de déchets produites et du degré de tri choisi. Elle permet de définir le nombre et disposition des contenants, et les moyens de communication et de contrôle des consignes de tri.

Tri = atout économique.

Les ouvriers intervenant sur le chantier doivent être préalablement informés et sensibilisés à la pratique du tri. S'il s'agit d'un chantier où interviennent plusieurs corps de métiers, le responsable QSE doit sensibiliser l'ensemble des corps de métiers à la nécessité du tri.

Pour faciliter la tâche des ouvriers et minimiser les risques d'erreur, une signalétique adaptée est placée près des bennes, des conteneurs ou des sacs utilisés pour collecter les déchets triés, afin d'indiquer clairement leur contenu.

Le suivi des coûts présente plusieurs avantages car il permet :

✓ de répertorier les filières empruntées et le coût généré,

✓ d'affiner l'évaluation du coût d'élimination des déchets,

✓ de garder une trace des filières d'élimination empruntées pour être capable de justifier d'une élimination réglementaire des déchets.

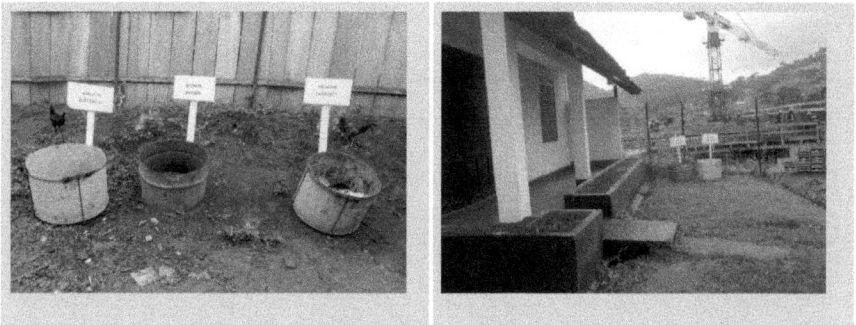

Photos 4.4.1.1.Photos illustratives du tri des déchets

Les déchets suivants ont été identifiés dans le **tableau 4.4.1.2** :

Types de déchets	Qtés M	Cumul	Mode de traitement
Huiles de vidanges + Filtres usagers	0 litres	22500 litres	Evacuées et traitées par la société BOCAM
Déchets ménagers + herbes mortes	3600 litres	31200 litres	Collectés dans les bacs à ordure et transportés par la société HYSACAM
Déchets métaux (chutes de fers à béton)			Stockés pour être ruitilisés
Déchets de bois + sciure de bois	8 sacs	102 sacs	Redistribution aux ménages riveraines
Les sacs vides de ciments			Redistribution sous formes de prime sécurité après vente aux comerçants
Déchets issus du néttoyage des bennes à béton et bétonnières	RAS	RAS	Décanteur prévu à cet effet

Tableau 4.4.1.2.Tableau de gestion des déchets

L'évaluation des coûts d'élimination des déchets comprend : le coût de fabrication des bacs à ordures, le coût de transport et de traitement (tri, recyclage ou incinération). Pour réaliser l'évaluation, la démarche suivante peut être adoptée :

✓ Le coût de fabrication des bacs à ordures est négligeable car ils se font à partir des fûts de récupération des produits tels que SIKA Décoffre ou huiles de vidange .Douze bacs ont été donc fabriqués au service matériel par les soudeurs.

✓ le coût de transport des déchets non-dangereux ou banals est en quelque sorte, la mise à disposition d'un conteneur métallique de 16m3 et le transport en lui-même par la société HYSACAM.

✓ Le coût de traitement (recyclage et/ou incinération) des déchets dangereux a fait l'objet d'un contrat avec une PME locale agréée à cet effet. Il s'agit de la société BOCAM.

Le suivi peut s'effectuer de manière très simple, sous la forme d'un tableau recensant les données (factures) suivantes :

Types de déchets	Cumul M-1	Montant M	Montant Cumulé
Huiles de vidanges + Filtres usagers	612 215		612 215
Déchets ménagers + herbes mortes	2 040 000	340 000	2 380 000
Déchets métaux (chutes de fers à béton)	-	-	-
Déchets de bois + sciure de bois	-	-	-
Les sacs vides de ciments	280 050	28 000	308 050
Déchets issus du néttoyage des bennes à béton et bétonnières	-	-	-
		Coût Total	3 300 265

Tableau 4.4.1.3.Coût de gestion des déchets

4.4.2. Coût de distributions des préservatifs et savons de ménage aux salariés Conformément à l'article 8.2.2.1.4 du rapport d'Etude d'Impact Environnementale et sociale) du projet et suivant notre plan d'action interne, nous avons opté pour certaines bonnes pratiques afin de matérialiser notre implication à la réduction des impacts.

Risques	Bonne Pratique	Quantité M	Cumul
Risque de contamination de certaines maladies dû au manque d'hygiène	Distribution des savons de ménages à raison de 2x400g/salarié/mois	380	2 214
Risque de contamination IST/VIH dû au projet	Distribution des préservatifs(masculins et féminins) à raison de 4/salarié/mois	750	4 729

Tableau 4.4.1.4.Bonnes Pratiques du chantier

Ainsi donc, l'évaluation du coût se fait comme suit au **tableau 4.1.3.5**

Bonne Pratique	Cumul	P.U	Montant
Distribution des savons de ménages à raison de 2x400g/salarié/mois	2 214	325	719 550
Distribution des préservatifs(masculins et féminins) à raison de 4/salarié/mois	4 729	250	1 182 250
		Coût Total	1 901 800

Tableau 4.4.1.5.Coût des bonnes pratiques de chantier

4.5.Elaboration des tableaux de bord QSE

Le tableau de bord est un outil de visualisation des résultats consécutifs aux contrôles effectués dans l'entreprise. Il confère une vision globale du système sur lequel on souhaite maîtriser le fonctionnement. Cette vision s'obtient au moyen d'indicateurs synthétiques dont la présentation permet de localiser immédiatement l'écart ou l'évolution et donc de prendre les décisions adéquates. Ainsi, le tableau de bord mesure, guette et anticipe. Il mesure une situation donnée à l'aide des indicateurs et pointe les tendances qu'on peut interpréter. Ce qui occasionne une posture anticipative sur les événements. Il est en cela un véritable outil de pilotage et possède de liens étroits avec le plan d'action. Il cible de part son contenu des points de vigilance stratégiques : il peut concerner un processus clef, une activité spécifique, un dispositif.

4.5.1. Tableau de Bord Qualité

Développement et amélioration du SMI QHSE : Extension à la phase des travaux

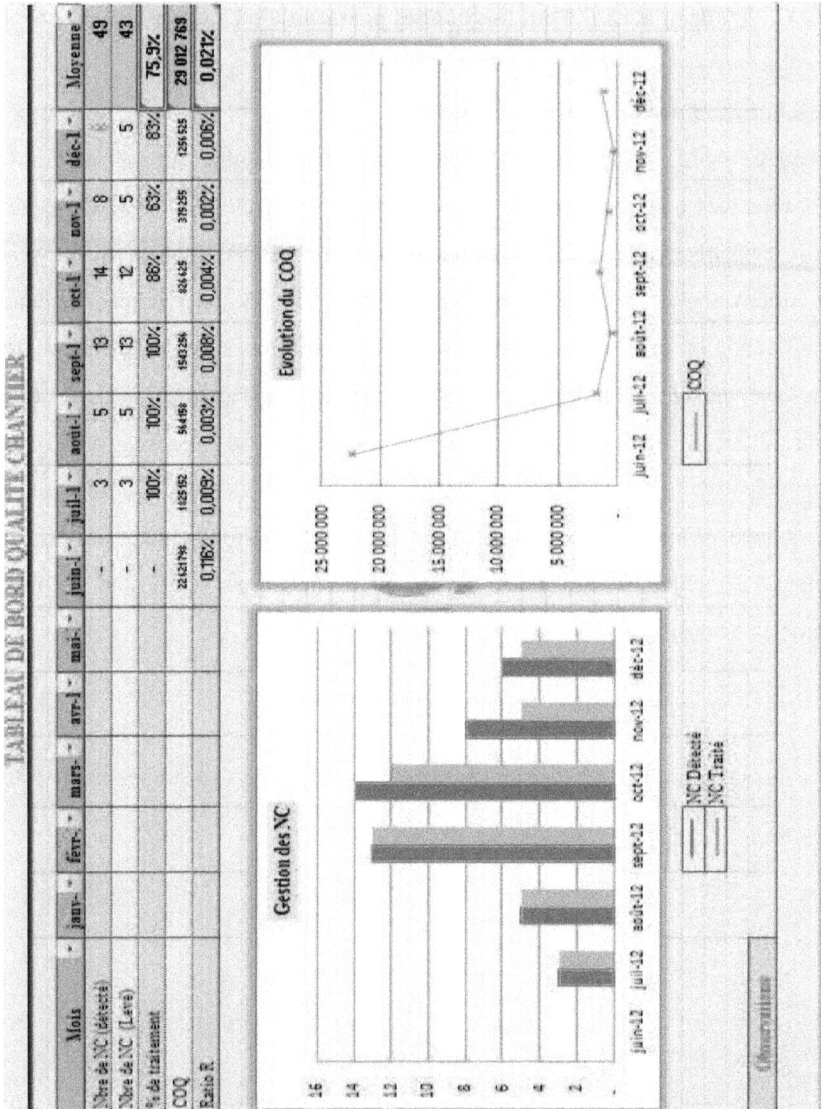

TABLEAU DE BORD QUALITE CHANTIER

Mois	janv-	févr-	mars-	avr-	mai-	juin-1	juil-1	août-1	sept-1	oct-1	nov-1	déc-1	Moyenne
Nbre de NC (détecté)						-	3	5	13	14	8		49
Nbre de NC (Levé)						-	3	5	13	12	5	5	43
% de traitement						-	100%	100%	100%	86%	63%	83%	75.9%
COQ						22421798	1425952	564458	1543256	426425	379255	1296525	29 012 769
Ratio R.						0.116%	0.009%	0.003%	0.008%	0.004%	0.002%	0.006%	0.02%

Tableau 4.5.1.1-Tableau de Bord Qualité / Chantier

4.5.2. Tableau de bord HSST

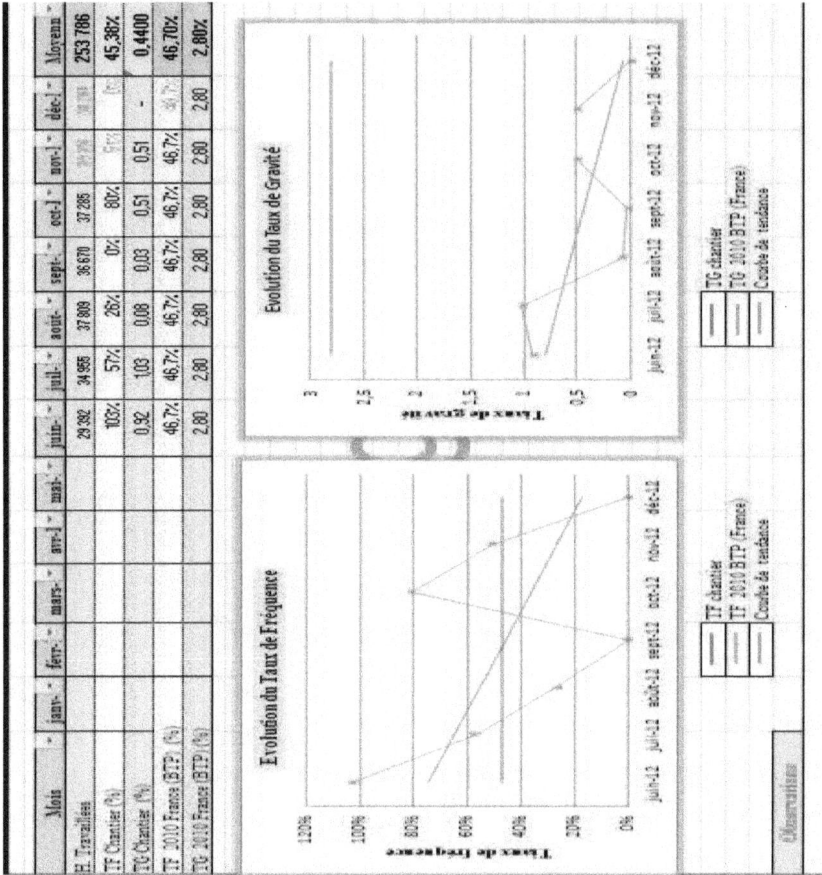

Mois	jan-	fevr-	mars-	avr-	mai-	juin-	juil-	aou-	sept-	oct-	nov-	dec-	Moyenne
H. Travaillées						29 392	34 956	37 809	36 670	37 286			253 786
TF Chantier (%)						103%	57%	26%	0%	80%			45,38%
TG Chantier (%)						0,92	1,03	0,08	0,03	0,51	0,51		0,4400
TF 2010 France (BTP) (%)						46,7%	46,7%	46,7%	46,7%	46,7%	46,7%		46,70%
TG 2010 France (BTP) (%)						2,80	2,80	2,80	2,80	2,80	2,80	2,80	2,80%

Evolution du Taux de Fréquence

TF chantier
TF 2010 BTP (France)
Courbe de tendance

Evolution du Taux de Gravité

TG chantier
TG 2010 BTP (France)
Courbe de tendance

Tableau 4.5.2.1-Tableau de Bord Hygiène Santé Sécurité au travail/Chantier

4.5.3. Tableau de Bord Environnement

TABLEAU DE BORD ENVIRONNEMENT CHANTIER

Mois	janv-1	févr-1	mars-1	avr-1	mai-1	juin-1	juil-1	aoû-1	sept-1	oct-1	nov-11	déc-1	Coût Tota
Coût de bonnes pratiques						114 800	114 800	293 000	280 500	280 500	317 500	500 700	1 901 800
Coût d'élimination des déchets						340 000	626 560	340 000	340 000	340 000	665 655	340 000	2 992 215
Coût d'indicateurs ENV						454 800	741 360	633 000	620 500	620 500	983 155	840 700	4 894 015
Ratio (Coût Marché)						0,002%	0,004%	0,003%	0,003%	0,003%	0,005%	0,004%	0,025%

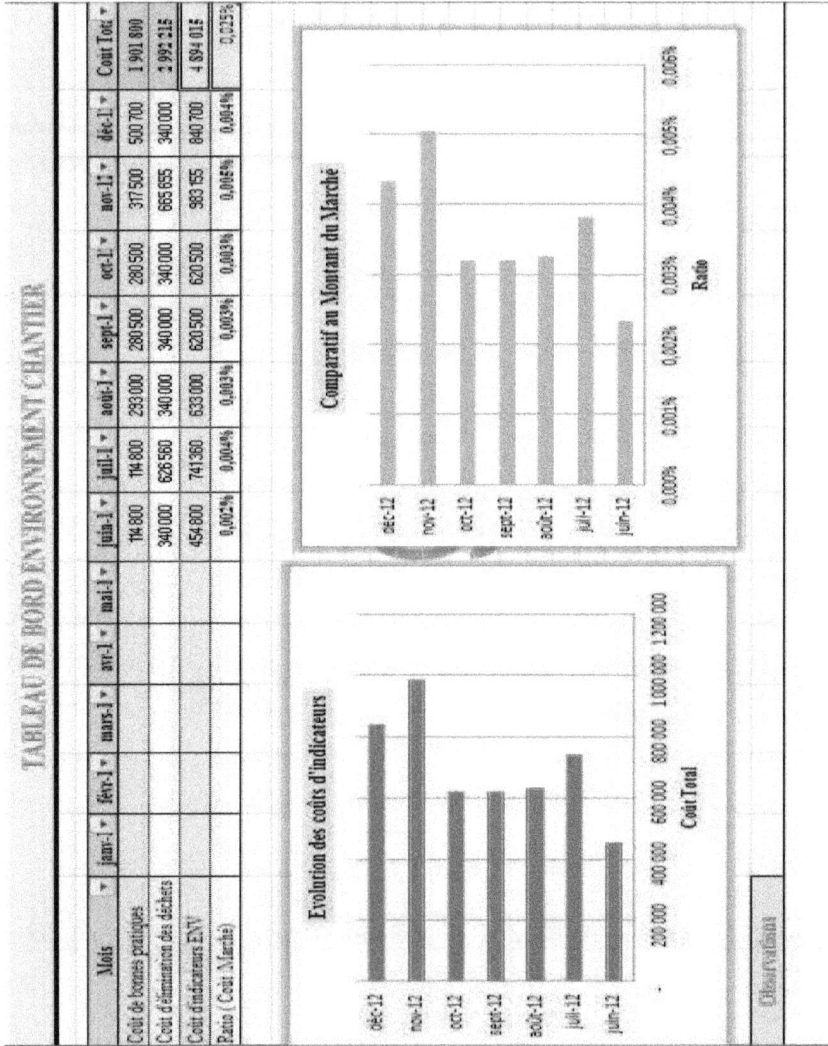

Comparatif au Montant du Marché

Evolution des coûts d'indicateurs

Observation

Tableau 4.5.3.1- Tableau de Bord Environnement/Chantier

5. Discussion et Analyses

5.1.Etude du SMI existant (Plan)

La première étape est de se familiariser avec le SMI existant, cela nécessite une recherche documentaire (normative ou non) afin de pouvoir pointer du doigt les éléments susceptibles d'être modifiés par la suite. La bibliographie est disponible à la fin de ce rapport. La seconde étape est de se plonger dans les documents existants (PAQ, PHSST et PGES) afin de repérer les premières éventuelles défaillances puis d'affiner en assurant un côté productif par la même occasion. Ces observations sont rédigées sous la forme PDCA (« Plan, Do, Check, Act », Deming) qui est une méthode propre à la qualité afin de mieux comprendre la réflexion et le cheminement emprunté. Cette méthode est parfaitement adaptée pour la recherche de non qualité et assure une amélioration continue du système

5.1.1. Structure du Système intégré

Le système de management intégré SMI se compose de trois parties : un système de management environnemental SME, un système de management qualité SMQ et un système de management de la sécurité SMS.

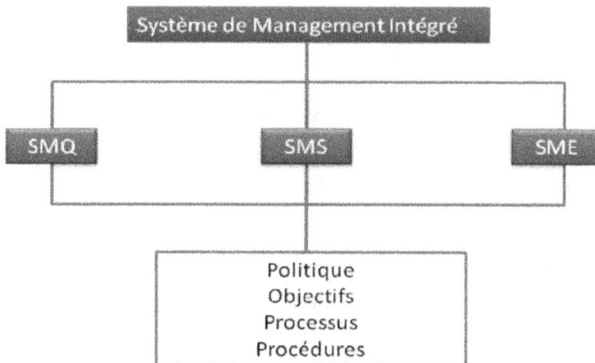

Figure 5.1.1.1. Structure du système de management

Cette structure permet de faciliter l'intégration des composantes qualités, sécurité et environnementale. De plus, les normes ISO 9000 et ISO 14000 sont bâties telles que les deux systèmes puissent cohabiter sans problèmes (les deux normes ont sensiblement le même modèle d'application).

5.1.2. Etat général du système existant

Le diagnostic existant a été fait par le responsable QSE Agence   notamment une première approche avec une grille d'évaluation ISO 9001, ISO 14001 et OSHAS 18001 présente le résultat suivant :

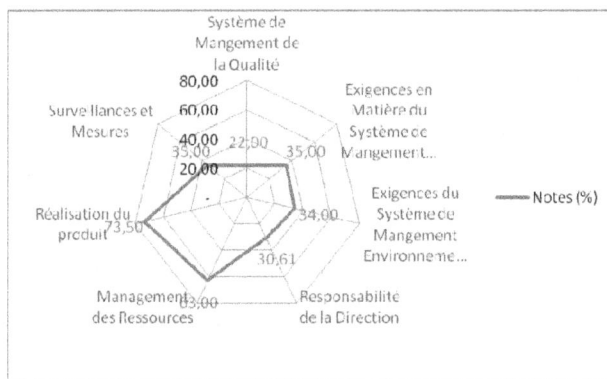

Chapitre	Référence	Intitulé	Notes (%)
	ISO 9001	Système de Mangement de la Qualité	22,00
4	OHSAS 18001	Exigences en Matière du Système de Mangement de SST	35,00
	ISO 14001	Exigences du Système de Mangement Environnemental	34,00
5	ISO 9001	Responsabilité de la Direction	30,61
6	ISO 9001	Management des Ressources	63,00
7	ISO 9001	Réalisation du produit	73,50
8	ISO 9001	Surveillances et Mesures	35,00
		NOTE TOTALE	41,87

Figure 5.1.2.1. Diagnostic du système existant

Après diagnostic du système existant, le diagramme ci-dessus rend compte des résultats du diagnostic. On observe des résultats relativement faibles dans chacun des points mesurés. Il ne faut cependant pas prendre ces résultats pour vérité générale car la grille d'évaluation est le travail du responsable QSE et non un outil normalisé et reconnu. De plus, une grande part de subjectivité est susceptible d'être introduite lors de la réponse aux différentes questions. Il est toutefois un bon indicateur de l'état actuel du système de management intégré. Il en découle qu'une marge de progression est possible.

Le système existant a été surtout pensé autour du travail technique et administratif et non à l'ensemble des étapes d'une opération comme observée précédemment avec la **Figure 1.3.1** ou **1.3.2**. Le processus général d'une opération n'était pas clairement détaillé. Malgré la présence de nombreuses bonnes idées, il n'est pas pensable de présenter le système actuel à un audit de certification. Trop d'exigences demandées par la norme ne sont pas formalisées ni même abordées. Il faut donc un meilleur suivi des normes et étendre le système intégré à l'ensemble des services apportés par SOGEA SATOM CAMEROUN.

Suite à la validation des différents documents (processus, procédures, formulaires ...) proposés à la Direction, le système qualité doit être testé en phase réelle, c'est-à-dire comme s'il était déjà implémenté dans l'entreprise (même si une partie est actuellement utilisée) afin de vérifier son efficacité

5.2.Création documentaire (Do)

Suite à la planification du système de management établi dans le paragraphe 5.1, l'ensemble documentaire a été établi. Il existe cependant une norme, ISO/TR 10013:2001, fournissant des lignes directrices pour l'élaboration et la tenue à jour de la documentation nécessaire pour assurer un système efficace de management de la qualité, adaptée aux besoins spécifiques de l'organisme utilisateur. Cette norme n'a pas été utilisée dans la construction de la documentation car indisponible à l'agence.

La liste suivante présente les processus, procédures, et indicateurs créés pendant le projet de Fin d'étude :

Tableau 5.2.1. Listing des Processus Agence

SMQ-PRO-01	Soumission aux Appels d'Offres
SMQ-PRO-02	Passation des Marchés Publics ARMP
SMQ-PRO-03	Réalisation des projets

Tableau 5.2.2 Listing des Procédures chantier

M-PRO-Audit Interne	Procédure d'Audit interne
R-PRO-NC-01	Procédure de gestion des Non-conformité
R-PRO-AC/M-PRO-AP-02	Procédure de gestion des actions correctives et préventives
R-PRO-TRAVAUX PREPA-03	Procédure d'exécution des travaux préparatoires
R-PRO-FONDONDATION-04	Procédure d'exécution de la couche de fondation
R-PRO-ASS ET D-05	Procédure d'exécution assainissement et drainage
R-PRO-CHAUSSES-06	Procédure d'exécution des chaussées et Ouvrages d'Art
R-PRO-SIG ET EQUIP-07	Procédure d'exécution Signalisation et Equipements
S-PRO-GESTION DOCS-08	Procédure de gestion documentaire et Enregistrement
S-PRO-ACHAT-09	Procédure Achat
S-PRO-RECRUT-10	Procédure recrutement du personnel

Tableau 5.2.3. Listing des Indicateurs

SMI-IND-TNC-01	Indicateur Taux de Non-conformité levé
SMI-IND-COQ-02	Indicateur Coût d'Obtention de la Qualité
SMI-IND-TF-03	Indicateur Taux de Fréquence des Accident de travail
SMI-IND-TG-04	Indicateur Taux de Gravité des Accident de travail
SMI-IND-CDPS-05	Indicateur Coût de distribution préservatifs et savons
SMI-IND-CED-06	Indicateur Coût d'élimination des déchets

Cet ensemble documentaire rédigé par moi-même est disponible à la consultation à l'Agence SOGEA SATOM CAMEROUN

5.3. Phase de test et vérification (Check)

Suite à la validation des différents documents (Cartographie, processus, procédures, indicateurs) proposés à la Direction, le système est en phase de test réel sur le chantier qu'à l'Agence, c'est-à-dire que l'implémentation dans l'entreprise est en cours afin de vérifier son efficacité.

5.3.1. Diagnostic après modification

Une évaluation du SMI aussitôt a été faite et le rapport du diagnostic est le suivant :

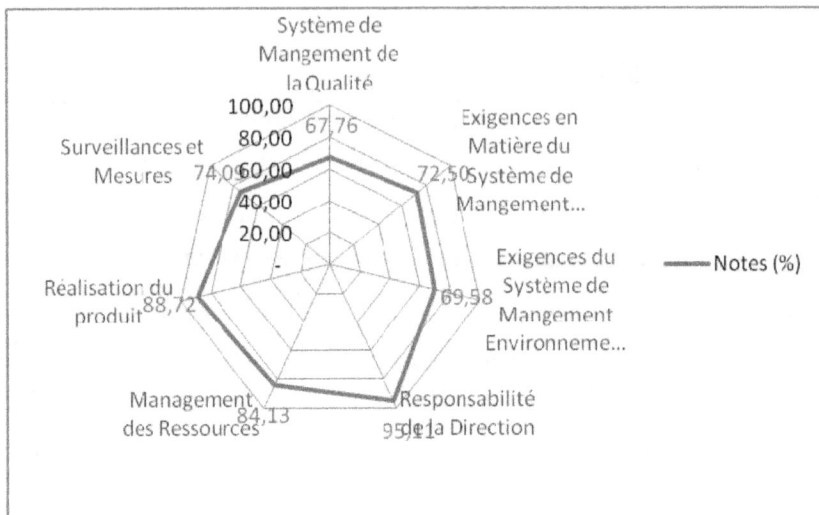

Chapitre	Référence	Intitulé	Notes (%)
	ISO 9001	Système de Mangement de la Qualité	67,76
4	OHSAS 18001	Exigences en Matière du Système de Mangement de SST	72,50
	ISO 14001	Exigences du Système de Mangement Environnemental	69,58
5	ISO 9001	Responsabilité de la Direction	95,11
6	ISO 9001	Management des Ressources	84,13
7	ISO 9001	Réalisation du produit	88,72
8	ISO 9001	Surveillances et Mesures	74,09
		NOTE TOTALE	**78,84**

Figure 5.3.1.1. Diagnostic après modification

Après les apports précédents et suite à un second diagnostic sommaire compte tenu du temps imparti, nous obtenons les résultats ci-dessus. La progression est nette de l'ordre de 188 % sur la note totale. Ces résultats sont cependant des résultats théoriques, il existe des écarts entre le système planifié et appliqué en situation réelle. Mais aussi, il ne faut oublier qu'il s'agit d'un travail d'étudiant et que ces chiffres sont ici juste à titre indicatif et ne pourraient en aucun cas être comparé avec ceux pouvant être obtenu suite à l'audit d'un cabinet professionnel. Certains points restent à améliorer encore par leurs résultats faibles. La Responsabilité de la Direction est une priorité car, comme énoncé précédemment, elle est le moteur du SMI.

5.3.2. Phase de test réel

Il s'agit de la phase de test de l'ensemble des mesures prises jusqu'à maintenant. Le test réel se fera sur un nouveau projet préalablement choisi par la Direction. Cette phase sera accomplie par le prochain Ingénieur QSE projet sous la supervision du responsable QSE Agence. Elle permettra de mettre en évidence les éventuelles non conformités ou non qualité oubliée lors de l'élaboration du système de management intégré afin de les traiter ultérieurement.

5.4.Modification à apporter (Act)

L'étape suivante consiste à réduire l'écart entre le planifié et le réel. C'est-à-dire qu'un certain nombre de mesures précédemment planifiées et appliquée peuvent au final ne pas remplir les objectifs fixés en théorie suite à la phase de test. Nous avons constaté dans le chapitre précédent la gravité des écarts entre théorie et réel.

Une fois le système de management intégré mis en place, il reste d'autres points à aborder tels :

- ✓ L'information et la sensibilisation du personnel en matière de Qualité, Hygiène Santé au travail et Environnement ;
- ✓ La mise en place des audits internes par le responsable QSE Agence et des audits à blanc par un organisme pour la planification des actions correctives.

La norme ISO 19011:2002 fournit des conseils sur les principes de l'audit, le management des programmes d'audit, la réalisation d'audits de systèmes de management de la qualité et/ou de management environnemental ainsi que sur la compétence des auditeurs de ces systèmes.

6. Conclusions

En perspective de projet plus ambitieux (le second pont sur le Wouri, chiffré à plus de 84,5 milliard de francs CFA), il est indispensable que SOGEA SATOM CAMEROUN suive des méthodes reconnues afin de satisfaire ses clients. De plus, l'entreprise se doit d'être moins « artisanale » en image de marque pour l'ouverture de tels marchés, c'est pourquoi l'adoption d'un système de management intégré reconnu et certifié à terme est primordial pour l'avenir.

Le système de management intégré de SOGEA SATOM CAMEROUN a été amélioré afin que celui-ci se rapproche davantage des exigences et des lignes directrices énoncées dans les référentiels ISO 9001, ISO 14001 et OHSAS 18001. Notamment par l'ajout de contrôle au niveau des différents processus (les indicateurs), la formalisation des processus et l'intégration de la phase exécution des chantiers dans le système de management intégré.

Le projet a en parti répondu aux attentes de l'entreprise, néanmoins il reste encore à améliorer certains points et les efforts à fournir sont à poursuivre. Ce n'est seulement qu'avec abnégation que cette démarche sera reconnue comme utile auprès de la Direction notamment. Selon les expériences disponibles auprès des qualiticiens, la mise en place d'un système intégré au sein d'une entreprise peut mettre jusqu'à trois ans à partir de son commencement et ce jusqu'à la certification. Il faudra également veiller à ne pas relâcher les efforts suite à la certification à venir car la finalité d'un système SMI n'est pas la certification même si cette étape est très importante, mais bien l'insertion d'une méthode et d'un mode de pensée dans l'entreprise à long terme.

Ce projet de fin d'études m'a permis de m'initier à une composante de l'ingénierie abordée au niveau de l'école qu'au niveau de l'entreprise, à savoir le management qualité sécurité et environnement. Cette formation me parait importante car applicable à beaucoup de domaines hors BTP et n'est donc pas une spécialisation comme l'aurait pu être un projet de fin d'études dans un cabinet de conseil. De plus, la prise en compte de facteurs humains et environnementaux m'attire davantage.

7. Recommandations - Perspectives

Les normes et référentiels de management traitant de qualité, d'environnement, de santé et de sécurité au travail, et même de responsabilité sociale se multiplient. Il est essentiel aujourd'hui pour de nombreuses entreprises de s'engager dans une démarche de progrès en intégrant autant que possible ces différents aspects dans une perspective de développement durable.

Le SMI étant déjà mis en place, la prochaine étape de ce projet est de tester les différentes mesures sur des cas concrets après validation de la Direction. Il sera alors possible de rajuster le cas échéant d'autres outils (processus, procédures opérationnelles et indicateurs) afin de les rendre plus ergonomiques, moins contraignant dans le cas des contrôles, Ainsi de suite, la documentation et les différentes mesures sont vivantes et évoluent au fil du temps en prenant compte l'expérience de ses utilisateurs.

Les audits internes devront suivre pour mettre en exergue les écarts constatés. Il serait alors de bon ton qu'après trois années d'audits internes, que l'entreprise sollicite un organisme agréé pour un essai à blanc question de mesurer le progrès du SMI mis en place .La certification éventuellement sera envisageable dès cet instant.

8. Bibliographie

Tous les modules de la formation ainsi que les référentiels cités dans le texte.

Ouvrages et articles

MAMI Elias Fouad, BENHABIB Abderezak et GHOMARI Souhila (2004) : Faculté des sciences de l'ingénieur Dpt. Génie mécanique UABB Tlemcen et Faculté des sciences économiques et commerciales UABB Tlemcen - *Symposium International : Qualité et Maintenance au Service de l'Entreprise .QUALIMA01 - Tlemcen 2004.*

Sites internet

- ✓ http://chohmann.free.fr/qualite/ichikawa.htm#top
- ✓ http://www.dechets-gard.net/index.asp?page=24&menu=7
- ✓ http://www.qse-developpement.com/Pages/smi.aspx
- ✓ http://www.utc.fr/~farges/dess_tbh/96-97/Projets/QR/QR.htm#INTRODUCTION
- ✓ http://www.inrs.fr/accueil/accidents-maladies.html